CHRISTOPHE LAVIGNE

LE CHANT DU BOUC

Du même auteur

Les diablesses de Castille, 2017

Route de bataille, 2018

ISBN : 978-2-9560355-2-7
Illustration de couverture : Marie Noui

À mon père.

τραγῳδία

INTRODUCTION

LA CATASTROPHE S'EST DÉJÀ PRODUITE

Beaucoup de nos contemporains, plus ou moins lucides, s'attendent à des cataclysmes imminents. Pandémies, crises financières et économiques, effondrement des sociétés complexes, guerres civiles ethniques, désastres écologiques, etc. Ces évènements, terribles, semblent être l'horizon des présentes générations. Nombre d'individus perçoivent au fond d'eux, en instinct ou en raison, que le monde tel que nous le connaissons va disparaître, ou tout du moins évoluer radicalement.

Or, un constat doit être posé : en réalité, la grande catastrophe a déjà eu lieu. Le pire n'est pas devant nous. Le pire s'est déjà produit.

Nos sociétés se sont déjà effondrées. Les peuples autochtones d'Europe sont déjà remplacés sur leurs terres.

Le désastre écologique est consommé, des milliers d'espèces végétales ou animales ont déjà disparu. Les économies sont anéanties. La culture et la civilisation, déconstruites. Les barbares sont déjà dans nos villes.

Nous traversons, comme dans un rêve, une sorte de grande illusion. Internet fonctionne, les avions volent, les flux transitent. Nous respirons normalement. Or, en réalité, nous évoluons au milieu d'un immense champ de ruines. Nous traversons une sorte d'interrègne plus ou moins long où tout s'étiole peu à peu. Nous évoluons quelque part dans cet interlude entre le moment de l'impact avec l'iceberg et l'instant où le navire sera englouti. Nous sommes quelque part entre l'instant de l'explosion du réacteur n°4 de la centrale de Tchernobyl et le moment où les premiers effets des radiations se feront concrètement sentir sur les corps.

Il ne sert à rien de chercher à analyser l'essence de cette grande catastrophe ou bien encore d'identifier l'instant précis où elle s'est produite. Certains diront que tout a débuté avec Socrate et Platon, d'autres avec Saint-Paul et la christianisation de l'Empire romain. Encore d'autres accuseront l'émergence des villes marchandes du Moyen-âge (Venise, Gênes, etc.) d'être le point initial du drame. Beaucoup affirmeront que ce sont les Lumières du XVIIIe siècle et la Révolution qui sont les génératrices de cette dynamique d'anéantissement. Certaines personnes seront même tentées de pousser la critique à un point paroxystique en affirmant que l'origine du mal est à déceler dans la révolution néolithique. Pour ces derniers la *bonne société* serait celle du chasseur-cueilleur.

Plus probablement, l'assassinat de l'archiduc François-Ferdinand et de sa femme à Sarajevo, le 28 juin 1914, est-t-il un évènement pouvant prétendre à ce statut de grande catastrophe.

C'est vraisemblablement parce que la diversion tragique de la vie a été éprouvée avec une intensité inouïe en Europe, notamment entre 1914 et 1945, que les Européens (pourtant créateurs de la notion de tragédie) semblent avoir décidé, plus ou moins consciemment, de se mettre en stase, en recul, en repos. Bref, en retrait de l'Histoire. Le tragique, après des souffrances collectives et des dépenses d'énergie trop intenses, a été évacué des esprits occidentaux pour aboutir à une sorte de grand relâchement des tensions, à un amollissement général perçu comme éminemment positif. Le positivisme, le festivisme, a pris le dessus, le but étant de vivre, ahuris et hagards, dans une sorte de grand festival musical permanent. Une mort douce et sympa, en terrasse, au soleil, traversé par de diffus flux émotionnels.

Le terrible attentat du Bataclan, en novembre 2015, est le reflet de cet état civilisationnel. Une jeunesse urbaine de trentenaires sans enfant, incapables de concevoir et d'intégrer la charge tragique du monde, s'est fait massacrer par des fanatiques religieux avides de revanche et de puissance.

De toute manière, qu'importe cette quête des causes fondamentales du désastre, car ce dernier est derrière nous. Toutes les choses jugées *graves* qui arrivent et arriveront ne sont en fait que des répercussions d'ondes de choc consécutives à cet impact initial. Aussi il ne sert à rien de chercher à empêcher ou éviter le désastre. Le pire est déjà là, et se manifeste de manière tout à fait concrète, dans nos vies.

IRRÉVERSIBILITÉ DU PROCESSUS ET ENTROPIE

Il est aussi tout à fait inutile de rechercher et identifier *la source du mal*, au sens où les processus en cours sont irréversibles. Il est illusoire de se représenter la quelconque possibilité d'un retour en arrière. Tout comme il est tout à fait inopérant de s'abandonner à toute forme de nostalgie, au mythe de l'Âge d'Or. Ce qui est perdu et détruit l'est définitivement. Le temps, à notre échelle de perception, n'est pas relatif. Il progresse dans une direction unique et de manière régulière.

D'après les lois de la thermodynamique, l'entropie est le phénomène qui conduit n'importe quel système à se désorganiser avec le temps. Comme système on peut songer à beaucoup de choses : l'Univers, un pays, une entreprise, un organisme vivant, etc. Toute structure est condamnée par avance à se désorganiser et donc péricliter. Le retour en arrière est impossible.

Aussi, identifier la source de l'effondrement de nos sociétés n'a qu'un intérêt purement intellectuel et non opérationnel. Connaître les facteurs déclencheurs d'un cancer ne permet aucunement d'éliminer les métastases.

Nous voyons nombre de jeunes, et de moins jeunes, s'astreindre à ce supplice digne de celui de Sisyphe (condamné par les dieux à faire rouler éternellement une lourde pierre au sommet d'une montagne) consistant à s'efforcer de sauver certaines parcelles de civilisation. Ils s'investissent en politique, dans des structures associatives, dans le bénévolat, etc. Ils se pensent comme Murdoch et Hichens à la barre du Titanic, quelques secondes avant l'impact. Ils pensent peut-être que leurs efforts pourront éviter le pire. Ces personnes, au courage indéniable, s'échinent désespérément, seau en main, pour vider un océan.

Le pire s'est déjà produit. Et nous ne sommes pas avant

l'impact. Mais bien après. Le train de munition filant dans la nuit a déjà commencé à plonger du haut du viaduc et vos bras ne pourront éviter ce grand mouvement irrémédiable.

LE MONDE ATOMISÉ

De manière plus tangible, le progrès technique semble avoir eu un impact bien plus grand sur les sociétés et les comportements humains que les conceptions métaphysiques.

La démocratisation du préservatif, simple morceau de latex flexible, et de la pilule contraceptive, a fait bien plus pour la modification de la condition des femmes que des décennies d'argumentaire progressiste.

Les principes de consommation de masse et de démocratisation, émergés dès le milieu du XIXe siècle, semblent avoir agis comme un puissant acide sur les sociétés, dissolvant des milliers d'années de certitudes et de constructions. Cet acide a tout impacté : pratiques et fois religieuses, cultures populaires et savantes, structures familiales, savoir-faire, etc. Ce fluide corrosif et déconstructeur a abouti à une fluidification et une atomisation du corps social du monde occidental, pour au final laisser apparaître la plus petite entité perceptible : l'individu. L'individu seul est à poil, sans bite et sans couteau. Un individu sans ancêtres, sans avenir, sonnant creux, et se définissant essentiellement par sa place dans les rapports de production (consommateur ou producteur) et des identités propres somme toute très secondaires (orientations sexuelles, régimes alimentaires, etc.). Toutes les autres strates observables (familles, communautés, nations, etc.) ne sont plus que de vagues notions, des mots valises, ou encore des pièces de musée.

Et, au final, l'individu lui-même est rongé de toute part par ce fluide corrosif. Il suffit d'observer les comportements quotidiens de nos contemporains, de constater leurs évidentes faiblesses, leur dimension hautement pathologique. Partout, ce n'est que solitude, dépression, addictions diverses, apathie, inculture, etc.

REPARTIR DE L'INDIVIDU

Le nihilisme, dans ce contexte de dévastation, pourrait être une tentation. Pourquoi continuer à se maintenir droit alors que tout s'effondre ? Alors que partout la bêtise s'installe et domine ? Alors que la société ne semble manifester aucun désir de redressement ?

Or, malgré ce monde liquéfié et anéanti, force eet de constater que nous continuons à être. Tout est mort autour de nous, et parfois même en nous. Mais nos fonctions biologiques maintiennent leurs rôles. Oui, c'est parfois terrible à admettre quand on porte un regard froid sur notre temps, mais nous sommes bien vivants.

Le but de cet ouvrage consiste donc à ouvrir des pistes, à donner des clés au lecteur, afin de vivre et de progresser au milieu de ce sombre paysage. Le but de cet ouvrage n'est pas d'aider le lecteur à survivre telle une bête traquée, à l'image d'une proie, mais bien de vivre. Vivre et même plus : dominer dans les ruines.

Cet essai, volontairement simple, ne vise pas à parler de

géopolitique, d'économie ou encore de philosophie. Le monde contemporain, éclaté façon puzzle, est devenu trop complexe et trop liquide pour que l'on puisse le comprendre en quelques regards.

L'acide ayant tout dissout jusqu'à l'individu, c'est donc de l'individu qu'il faut repartir pour tisser une trame. Ce livre s'adresse donc à l'individu, au lecteur seul, les notions de communauté et de solidarité sont volontairement écartées du propos.

L'ambition de ce livre consiste avant tout à démontrer qu'il existe des forces imperméables à ce *sens de l'Histoire* et que nous pouvons nous cramponner, individuellement d'abord, à ces forces éternelles. Cet ouvrage vise à insuffler au lecteur des notions et des principes qui pourront le soutenir et l'appuyer dans le désastre en cours.

Lorsque le navire sombre, le moment de s'abandonner à l'apathie n'est pas de mise. C'est au contraire le moment de rassembler ses énergies pour surmonter l'évènement.

Et vaincre.

TRAGÉDIE ET SACRIFICE

« Les premiers savons ont été faits avec les cendres de héros, c'est comme les chimpanzés envoyés dans l'espace. Sans la souffrance, sans les sacrifices, on n'aurait absolument rien. »

Tyler Durden - Fight Club

LE CHANT DU BOUC

Les anciens Grecs, pères de notre monde, percevaient le cosmos, l'ordre des choses, via le prisme de la tragédie. Cette perception du monde, cette sensibilité propre, couplée à un instinct d'ordre et *d'encodement*, a poussé les Grecs à normer les grands principes régissant l'Univers. Ils ont établi une grille de lecture et inscrit cette dernière dans le cadre d'un exercice de style.

Ainsi ont-ils créé un genre théâtral d'essence religieuse : la tragédie.

Le mot *tragédie* trouverait son origine dans les mots *bouc* et *chant*, soit *le chant du bouc*. Ce chant serait à associer à la complainte de l'animal lors du sacrifice préliminaire à la représentation théâtrale. Les spectacles tragiques étaient interprétés dans un contexte religieux et la base liturgique des religions antiques était le sacrifice rituel. Aussi, cette dimension sacrificielle est-elle indissociable de la dimension tragique.

La tragédie, dans son contexte athénien, était intimement liée à la divinité Dionysos, le dieu musicien et buveur, accompagné de ses amis satyres. Les concours de théâtre avaient lieu lors des Dionysies, les fêtes annuelles consacrées au dieu. Aussi le bouc du sacrifice fait-il également écho au dieu Pan, un des compagnons traditionnellement associé à Dionysos. Les tragédies antiques étaient avant tout des pièces chantées. Les chœurs jouaient un rôle prépondérant. La qualité de leurs prestations lors des spectacles était attentivement observée.

Chez les Grecs, le théâtre tragique mettait en scène des passages connus du corpus mythologique. Le public, dès la première scène, était parfaitement en mesure de maîtriser le contexte général dans lequel se déroulait la pièce. Tous les Grecs de l'époque classique maîtrisaient Hésiode et Homère. Ce qui primait, dans le cadre de cet exercice de style, c'était la manière dont l'écriture de la pièce et la mise en scène avançaient en sous-main leur argumentaire tragique. La forme comptait autant que le fond, si ce n'est plus.

Généralement, un texte tragique prend comme

protagonistes des personnages de rangs élevés (divinités, rois, héros, etc.) et se conclu de manière terrible et sanglante. Le texte vient révéler au spectateur (ou au lecteur) l'implacabilité du destin. La tragédie se caractérise par l'affirmation d'une destinée à laquelle les protagonistes ne peuvent se soustraire, malgré leurs efforts, et qu'ils se voient contraints d'accepter. Ce genre se distingue du drame au sens où il ne fixe pas de dimension morale. Dans le cadre d'un antagonisme tragique, il n'y a pas de camp du bien opposé à un camp du mal. Il y a deux légitimités propres qui s'opposent et interagissent. La tragédie est fondamentalement amorale. Le genre tragique, d'après Aristote, doit être pensé comme une sorte de purge émotionnelle, nommée *catharsis*, s'inscrivant sur un fond de pitié et de crainte.

Cette loi tragique, s'appliquant partout et tout le temps et à laquelle nul ne peut se soustraire, regroupe trois notions qui claquent dans l'air comme des fouets : *l'inégalité*, *la violence* et *la mort*.

UN COSMOS D'ESSENCE TRAGIQUE

L'inégalité, la violence et la mort font intrinsèquement partie de l'essence de l'Univers. Ces trois éléments font corps avec le fonctionnement général du cosmos. Ils en sont même les moteurs, à l'image des lois physiques.

L'espèce humaine, ou en tout cas une part majeure de cette dernière, est la seule à espérer et œuvrer dans un sens anti-tragique. En effet, nos sociétés contemporaines se caractérisent par un rejet massif des principes immuables en action dans l'Univers. La plupart des Homo sapiens modernes souhaitent vivre dans un monde plus égalitaire, non violent, et dans lequel la mort aurait été éradiquée ou tout du moins marginalisée. Or l'immuable tragédie se moque bien des efforts de notre espèce visant à affirmer l'émergence d'un monde *plus juste*.

Quand, en octobre de l'an 79, le Vésuve est entré en éruption, ce volcan ne s'est aucunement posé la question de l'existence d'implantations humaines à ses alentours. Il a sauté, tout bonnement, entraînant dans l'atmosphère des milliers de tonnes de matière qui s'effondrèrent ensuite en coulées pyroclastiques. Pompéi et Herculanum, petites cités prospères et tranquilles de Campanie, furent ensevelies sous des mètres de cendre pour le plus grand bonheur des archéologues spécialistes de la civilisation romaine. Des milliers d'hommes, de femmes et d'enfants furent tués dans ce cataclysme. Dans ce fait, il n'y a ni bien ni mal. Il n'est ici aucunement question de *justice.*

Nos perceptions humaines, pour une large variété de raisons, ne nous aident guère à appréhender l'implacabilité des règles régissant l'Univers. Nos vies, mises en rapport avec des échelles de temps et d'espace quasiment impossibles à appréhender mentalement, sont de toutes petites choses, des épiphénomènes négligeables. Et nous disparaîtrons.

Notre espèce n'est pas *à part*, ou si peu. Elle est soumise au même flux et reflux que les autres créatures du vivant. Et elle ne peut se soustraire qu'en rêve au règne terrible du tragique. À l'image des autres êtres cellulaires, nos existences sont régentées par la génétique. Nous ne sommes pas des anges sans corps, des idées pures. Nous sommes soumis à des lois biologiques. Les tentatives humaines visant à soustraire l'homme de la dimension hautement tragique de l'Univers sont des rêves, des utopies, et de fait elles sont condamnées par avance à être rattrapées par les principes du réel.

Le progrès technique, ou en tout cas sa forme démocratique et marchande, peut donner le sentiment que la dimension tragique de l'existence peut être atténuée. Mais en réalité rien n'est atténué, anesthésié, par la technique. Le confort apporté par l'électricité nous ramène immanquablement à Tchernobyl et Fukushima...

Tout a un prix.

Nos sociétés, en posture de refus face au caractère implacable de la tragédie et véhiculant des valeurs empreintes de relativisme, de médiocrité, d'amour de l'égalité, etc. génèrent une ambiance générale *expurgée*. Une ambiance expurgée de ses ancêtres, de ses guerres, de ses religions, de ses monuments, etc. Bref, de tout ce qui est lourd à porter. Un monde sans tragédie, ou tout du moins raconté comme étant non tragique (en réalité la dimension tragique est indestructible) aboutit à un monde sans culture et sans Histoire. Refuser la charge tragique de l'Univers et de la vie est une forme de nihilisme, et le nihilisme est un reniement. Les sociétés dans lesquelles nous évoluons sont devenues des reniements vertigineux, permanents et absolus. Ces phénomènes s'observent partout, en nous et autour de nous.

Renouer avec le tragique, accepter son règne sur sa vie, c'est poser un acte d'acceptation et d'affirmation là où tout est brisé.

LA TRAGÉDIE EST UN DÉFI

C'est l'Iliade d'Homère qui est l'acte fondateur de notre civilisation.

Aussi, à travers les comportements des héros homériques, nous avons à faire à une authentique démonstration comportementale. Pour un Européen, le moment tragique n'est pas l'instant de l'accablement. Il est l'instant du défi.

Dans les attitudes d'Achille, d'Hector ou encore d'Ulysse, il peut y avoir de la bêtise, mais il n'y a jamais de résignation.

Traditionnellement, en occident, le tragique n'est pas perçu comme une source d'accablement, mais bien plutôt comme un défi à relever. Et ce défi, proprement européen, consiste concrètement à faire la *démonstration* de son degré d'acceptation de la charge tragique du monde.

Certains sports, souvent solitaires, sont le témoignage de ce défi tragique. Ils en sont l'expression souvent inconsciente, mais aussi impérieuse. On peut bien sûr songer à l'alpinisme ou encore aux sports nautiques. La montagne et l'océan, lieux du danger par excellence, nous font toucher de près cet aspect grandiose et terrible de la tragédie. Ces lieux, éminemment hostiles, sont des lieux de morsure. En montagne ou en mer, la mort peut frapper n'importe quand. C'est la technique qui permet à l'homme de s'aventurer dans ces espaces. Mais même la meilleure des cordes n'épargne pas au grimpeur le risque de l'avalanche.

LE SACRIFICE, UNE NOTION QUI RÉPARE LE MONDE

C'est le sacrifice qui permet de *supporter* la charge tragique du Cosmos.

Le sacrifice consiste à oblitérer une part de soi, ou son être entier, dans le but d'atteindre un objectif plus élevé.

Ce n'est pas pour rien que la notion de sacrifice soit souvent le cœur nucléaire de la plupart des religions. Le Christ, Dieu fait homme, offre sa vie sur la croix pour sauver l'humanité. D'ailleurs, le rite de la messe, dont le point central est l'eucharistie, est en fait la réitération perpétuelle du sacrifice de Dieu. Dans la perception chrétienne, notamment catholique et orthodoxe (les deux blocs chrétiens les plus ritualistes), Dieu se sacrifie de manière perpétuelle, chaque jour, par l'intermédiaire de l'eucharistie. Dieu s'offre en nourriture, corps et sang, pour sauver le genre humain. Le salut des Hommes a ici un prix infini.

Dans le vieil univers nordique, c'est Odin, le dieu borgne, qui sacrifie un de ses yeux pour atteindre la connaissance et ainsi percevoir l'avenir : le Ragnarök. C'est par l'intermédiaire du sacrifice de bêtes choisies que les hommes de l'antiquité entretenaient une relation avec leurs ancêtres et les divinités tutélaires. L'offrande de sacrifices sanglants primait alors largement sur la prière comme moyen d'interaction avec le divin. Le sacrifice permettait de maintenir *l'ordre des choses.* D'ailleurs dans la perception antique, sans sacrifice, les ancêtres n'auraient pu se nourrir et seraient donc devenus des fantômes errants. Mayas et Aztèques pensaient que c'était le sang des sacrifices qui faisaient tourner les astres.

Plus simplement, c'est par la souffrance, et parfois par le sacrifice de sa vie, que la mère met au monde son petit et qu'ainsi la vie peut se poursuivre. Et c'est en sacrifiant sa jeunesse, en consentant à devenir adulte, que l'on peut devenir un bon parent et ainsi permettre à ses enfants d'accéder à une solide éducation.

Les sacrifiés sont les paratonnerres de ce monde. Ils prennent la foudre afin que les autres puissent continuer à être, afin que la civilisation perdure

L'AUTHENTIQUE ESPRIT MILITAIRE : LA VOIE DU SACRIFICE

C'est par le sacrifice de ses soldats qu'une société peut vivre en paix et que ses frontières sont préservées. Si un enfant dort sereinement, c'est parce qu'un homme meurt au loin pour permettre cela.

« Passant, va dire à Sparte que nous sommes morts ici pour obéir à ses lois ». Cette citation célèbre rappelle le sacrifice de Léonidas et de ses hommes aux Thermopyles afin de maintenir l'indépendance des cités grecques face à la volonté de domination perse. Sans Marathon, sans Salamine, sans les Thermopyles, sans les sacrifices inhérents à la guerre, les Grecs auraient-ils pu offrir leur legs immense à la civilisation ?

Les promotions de Saint-Cyr portent systématiquement le nom d'un officier s'étant sacrifié au combat. Leurs chants de promotion sont des compositions qui ne traitent que d'offrande à la Patrie, de mort volontaire, de sang versé, etc.

La Légion espagnole, unité militaire fondée par José Millàn-Astray dans les années 1920, est l'unité militaire occidentale qui, de par ses traditions, manifeste le plus explicitement ce consentement au sacrifice. Les légionnaires espagnols sont baptisés *les fiancés de la mort*. Leur uniforme comporte une chemise largement ouverte sur la poitrine, signifiant leur mépris de la souffrance inhérente au combat, leur consentement total au sacrifice. Le point 10 du *credo legionario* affirme : « *La mort au combat est le plus grand honneur. On ne meurt qu'une seule fois. La mort est sans douleur et n'est pas si horrible qu'elle n'y paraît. Le plus horrible est de vivre à l'image d'un couard* ».

Dans l'Ancien Régime, la noblesse était exemptée de certaines taxes, notamment la taille, car elle était soumise à l'impôt du sang, c'est-à-dire à des obligations militaires bien plus élevées que les autres corps de la société.

Aussi, de plus grands honneurs et privilèges sont-ils la conséquence à un plus haut consentement au sacrifice. Les guerriers, dans les sociétés fonctionnelles, sont ceux qui reçoivent le plus d'honneurs (et souvent ils se battent et meurent *pour l'honneur*), car ce sont eux qui consentent le plus volontairement au sacrifice et donc à la charge tragique inhérente à l'existence.

LE SUICIDE SACRIFICIEL, HAUTE MARQUE D'ACCEPTATION DU TRAGIQUE

(l'auteur de cet ouvrage ne cherche aucunement à faire une promotion quelconque du suicide, sous toutes ses formes. L'explicitation de la notion de suicide ne sert ici qu'à illustrer le propos général de l'ouvrage concernant les notions de tragédie et de sacrifice)

Il existe différentes catégories de suicides. Pour synthétiser, on peut en distinguer deux.

Dans un premier temps, le suicide visant à éviter une souffrance. C'est ce qui se passe quand la mort devient un refuge plus enviable que la vie elle-même. Ce sont, typiquement, les suicides liés aux troubles affectifs, à la dépression ou encore à la maladie. Cette version du suicide est une fuite, parfois légitime, d'autres fois moins.

Puis vient le suicide sacrificiel visant, quant à lui, à laver un honneur perdu ou à éveiller ses contemporains. Cette version du suicide est un acquiescement tragique.

Contrairement à ce qu'affirme la vulgate, il faut un courage vertigineux pour oser s'avancer vers la solution du suicide. Dans son contexte sacrificiel, il ne s'agit aucunement d'une fuite ou d'un refuge, mais bien d'un don. En effet, les garanties fermes concernant la possibilité d'une existence post-mortem de nature spirituelle n'existent pas. La foi dans l'après-vie est soit une grâce, soit un pari. La persistance de l'être par delà la mort n'est pas une certitude, et même les êtres les plus spirituels traversent des phases de grands doutes. Nous n'avons, en propre, que cette vie pour être et agir. La destruction volontaire de son être est donc un acte d'une très grande puissance, d'une grande gravité, qui constitue le don de la chose la plus précieuse qui soit : la vie. La vie est précieuse, car elle constitue notre seule existence tangible, notre seule possibilité d'être et d'agir. Sous cet angle, le suicide constitue le don le plus puissant pouvant être.

Le suicide sacrificiel ne doit pas être confondu avec le martyr.

Le martyr est une mort reçue et acceptée, plus ou moins volontairement (à un degré moindre que le suicide), dans l'optique d'une gratification post-mortem. Pour faire simple et court : les djihadistes sont des martyrs là où les kamikazes japonais sont des sacrifiés volontaires. Le concept de l'après-vie est bien plus flou dans l'esprit d'un Japonais que dans l'esprit d'un Occidental, le Kamikaze ne croyant pas nécessairement à un au-delà. Il offrait sa vie pour la Patrie. Le martyr du chrétien, typique avant Constantin, rentre dans une catégorie différente, au sens où le fait de mourir volontairement dans l'espérance du ciel équivaut à une disqualification. Le martyr chrétien ne meurt pas pour son salut, mais pour la gloire de Dieu.

Aussi, le suicide sacrificiel est-il l'expression la plus crue de l'acceptation totale de la dimension tragique de l'existence. Il est une réponse, extrême, au défi lancé par la tragédie.

ACCEPTATION OU REFUS DU SACRIFICE, MARQUEUR DE LA VALEUR D'UN HOMME

L'inégalité, la violence et la mort, ces trois composantes de la charge tragique, sont des défis qui peuvent être relevés par le médium du sacrifice.

La noblesse, la valeur d'un homme, doit avant tout être mesurée en fonction de son degré de consentement au sacrifice. Connaissance, savoir-faire, richesse, patrimoine, etc. sont des facteurs négligeables quant à la construction de l'estime que l'on peut porter à un individu. Plus un homme est enclin au sacrifice, plus il démontre son acceptation de l'essence tragique du monde, et donc son acceptation de la vie. Plus un homme fuit le sacrifice, plus il révèle sa médiocrité.

L'acceptation ou le refus du sacrifice incarne la balance qui permet de juger de la qualité d'un homme.

INÉGALITÉ ET AMBITION

« Vous n'êtes pas exceptionnels, vous n'êtes pas un flocon de neige merveilleux et unique, vous êtes fait de la même substance organique pourrissante que tout le reste (...). »

Tyler Durden - Fight Club

L'INÉGALITÉ COMME LOI

Les lois de la tragédie, qui régissent l'Univers, ignorent totalement la notion d'égalité.

Les étoiles, toutes de dimensions dissemblables, n'émettent pas leurs rayonnements sur les mêmes longueurs d'onde. Elles sont toutes uniques. Même leurs champs gravitationnels, qui peuvent modifier l'espace-temps à leurs approches, diffèrent en fonction de leurs masses respectives. Elles semblent briller de manière uniforme, tels de gentils points de lumière sur un gigantesque écran noir. Mais quand on observe plus attentivement une voûte nocturne, on se rend vite compte que toutes diffèrent. Certaines scintillent, d'autres luisent. Certaines présentent des reflets bleutés, d'autres rougeâtres. Aucune étoile n'est l'égale, la copie conforme, d'une autre.

Il ne s'agit pas ici de tomber dans l'idée facile du fameux *lion puissant qui mange la frêle gazelle*, mais force est d'admettre que le vivant nous fournit, chaque jour qui passe, des millions d'exemples de cette splendide ignorance des grands principes égalitaires dont se drapent l'humanité.

Homo sapiens, espèce du vivant qui n'échappe pas aux règles auxquelles sont assujetties les autres créatures, est lui aussi soumis aux principes inégalitaires du cosmos.

D'un homme à l'autre, nous ne possédons pas les mêmes gènes et donc les mêmes apparences physiques. Nos intelligences sont toutes dissemblables. D'ailleurs, l'intelligence est très largement déterminée par les gênes. L'éducation pratique et l'instruction savante ne sont que des vernis apposés sur une infrastructure d'essence biologique. Certains humains auront des prédispositions au développement de certains types de cancers. Certains groupes humains possèdent des spécificités que ne possèdent pas les autres groupes. Les Européens, généralement, digèrent le lactose. Les Africains subsahariens non.

Ainsi, Il y a peu de choix, mais beaucoup de déterminismes. Il suffit d'observer et de comparer les tout petits, encore peu façonnés par la culture, pour comprendre que l'influence des gènes est colossale.

Où est l'égalité dans tout cela ? Nulle part, car le tragique règne partout.

La discrimination, c'est-à-dire le fait de classer les êtres et les objets en catégories et sous-catégories, est le comportement humain qui semble coller au mieux avec le réel. Un réel fondamentalement inégalitaire.

INÉGALITÉ ET SOCIÉTÉ

L'égalité est une idée proprement humaine. Tout du moins au sens où cette espèce est la seule à avoir théorisé et développé la notion d'universalité du principe d'égalité entre tous ses membres.

Le principe d'égalité repose sur l'idée générale qu'en tant qu'homme nous posséderions tous une *dignité* spéciale, une dimension proprement humaine qui ferait de nous des êtres dignes d'un respect infini. Serait considéré comme fou, et heureusement, celui qui affirmerait que nous sommes tous strictement identiques, car membre de la même espèce. Nos simples apparences physiques viendraient bonnement faire défaut à cette idée. Mais en fait, ne pouvant assumer un discours égalitaire d'une radicalité absolue (car trop éloigné des faits), c'est sur le voile de cette dignité humaine que repose l'idée égalitaire ambiante.

L'antispécisme, concept aujourd'hui florissant et encore une fois élaboré par l'humain (décidément, une créature obstinée et étrange), repose sur l'idée que toutes les espèces vivantes ont accès à cette même dignité. Il s'agit en fait d'une extension de l'universalité des principes égalitaires. Or, le vivant n'est pas régi par la dignité. Il est régi par des règles imperméables aux principes moraux. Le fait de manger de la viande de bœuf ne signifie aucunement que l'on ne respecte pas les vaches. Cela signifie, qu'en tant qu'humain, nous élevons des vaches pour nous nourrir, et ce depuis le néolithique. Il n'y a ni bien ni mal là-dedans. C'est juste... comme ça. Au fond, qu'importe qu'Homo sapiens soit une espèce supérieure, ou non. Il n'est pas ici question de supériorité, mais de *conformité*. L'homme, en tant qu'espèce, est un prédateur (ou parfois une proie) à l'image d'autres espèces. Les fourmis bâtissent des fourmilières et exploitent les pucerons. Les hommes bâtissent des villes et vivent entourés de chats arrogants.

Dans des sociétés occidentales fortement sécularisées, il est très étrange d'observer cette schizophrénie permanente entre, d'une part, la promotion et lancinante de la dignité humaine (digne de quoi ?) et, d'autre part, la tendance atavique à supprimer (avortement et euthanasie), ou cacher (maisons de retraite), les éléments objectivement les plus faibles de la société.

Dans le monde antique ou au Moyen-âge, cette schizophrénie n'existait pas. À Sparte, les nourrissons jugés trop faibles étaient précipités dans un gouffre, sur le mont Taygète. Et à Rome ils étaient plus simplement exposés. Il semble que les populations préhistoriques de chasseurs-cueilleurs éliminaient certains nourrissons quand les ressources alimentaires leur semblaient trop réduites. Cette élimination des petits, à des fins eugénistes ou d'accès aux ressources, révèle une forme d'absence de schizophrénie liée à la morale. Ou tout du moins l'existence d'une morale autre.

D'autres formes de schizophrénies, toujours en lien avec la notion d'égalité, peuvent être relevées dans nos sociétés contemporaines. Par exemple, le besoin permanent de se singulariser *(« moi, je ne suis pas comme les autres, je suis spécial »)*, tout en intégrant comme fondement le principe d'égalité entre les hommes. En gros, tout le monde vaut tout le monde, mais nous sommes tous différents. Drôle de soupe...

Exemple : l'idée souvent remise sur le tapis consistant dans les écoles à soustraire les élèves au système de notation traditionnel est absolument symptomatique de la pensée égalitaire. Par peur de voir certains s'élever et d'autres incapables de le faire, on préfère casser le thermomètre. En effet, il faut éviter les frustrations et les traumatismes. Mais la vie et de toute façon frustrante et traumatisante. Le réel, tragique, rattrape toujours les rêveurs et les idéalistes de l'égalité. Et la sélection, en fait la discrimination, des élèves s'effectuera toujours, d'une manière ou d'une autre, mais en se basant sur d'autres critères. Et les élèves se discriminent eux-mêmes entre eux, en fonction d'autres référentiels (tenues vestimentaires, langage, origines ethniques, goûts musicaux, etc.).

Classer et hiérarchiser est un instinct trop puissant que l'on ne peut juguler. Et, au fond, la passion de l'égalité s'apparente à une haine de la biologie.

En réalité, on est l'égal de ses égaux, c'est à dire des hommes que l'on se choisit comme semblable. On n'est jamais l'égal de celui qu'on ne sélectionne pas comme tel. Et encore une fois, il s'agit ici de discriminer.

AMBITION

L'ambition est l'outil qui permet de dominer dans le contexte immuable et tragique du principe d'inégalité.

L'ambition, c'est la force qui pousse à vouloir se distinguer de la foule. Celle qui pousse à vouloir devenir le meilleur, le premier, le plus efficace, le plus compétent. L'ambitieux est l'inverse du rêveur, au sens où il se donne le moyen de parvenir à ses fins. Il s'efforce d'adopter l'attitude juste qui le mènera au succès et à la domination. Il n'a pas peur de mouiller sa chemise. Il ne vit pas dans le fantasme de la facilité. Il sait et accepte que le succès et l'accomplissement sont des fruits récoltés à force de travail et d'intelligence.

L'ambition est une grande qualité qui ne doit être tempérée que par l'humilité. Car un être ambitieux, et en même temps conscient des choses du monde, sait aussi que toute son œuvre peut-être anéantie en quelques secondes. Et il se doit de l'accepter. C'est le prix de la tragédie à laquelle nul ne peut se soustraire. L'adage romain dit : *Il n'y a pas loin du Capitole à la Roche Tarpéïenne.*

L'image de l'alpiniste chevronné illustre parfaitement cette conception de l'humilité dans l'ambition. L'alpiniste de haut niveau rêve à la conquête de nouveaux sommets, à l'ouverture de nouvelles voies. Et surtout il se donne les moyens d'y parvenir. Il s'entraîne et s'équipe dans ce sens. Et il sait aussi, en évoluant dans le milieu hostile de la haute-montagne, que tout peut basculer à tout moment. Et il accepte totalement cette dimension éminemment tragique de la montagne. Là réside l'humilité.

Et d'ailleurs, sans danger, où serait l'exploit ? Danger et ambition fonctionnent en symbiose.

L'humilité ne doit être mise en avant que dans le cadre de l'acceptation tragique du sens de la vie. L'orgueil est une force motrice plus puissante que l'humilité. Mais l'orgueil se doit d'être justifié par des actes. Achille, dans l'Iliade, peut se permettre d'opter pour un comportement déplacé, voire imbuvable, au sens où ses actes passés viennent justifier des qualités profondes de son être.

L'humilité ne devrait être conditionnée que par la conscience de l'omniprésence du tragique, par la conscience de la mort. Une fois cela admit, inutile de vouloir jouer à humble.

ACCEPTER LE RISQUE DE L'ÉCHEC

Ceux qui refusent l'ambition, qui se contentent petitement de ce qu'ils ont, qui refusent de voir grand par crainte de chuter, se placent en fait en posture de refus de la tragédie et donc de la vie. Généralement, le sort punit sévèrement ces individus qui, au fond, ne savent que se lamenter et maudire le monde pour sa dureté. Dans les périodes d'abondance ce type humain prospère et pullule, mais dans les temps plus âpres (à l'image de ceux qui s'annoncent) il est traité impitoyablement.

Or, l'échec est inhérent au processus d'apprentissage. Sans échecs répétés, sans traumatismes, on ne pourrait se réadapter, s'affûter, et donc devenir meilleur.

Car oui, le monde est dur, impitoyable, inégalitaire, et les échecs arrivent toujours. Et malgré tous les dispositifs de gommage établis par les sociétés visant à lisser les conditions (droits égaux, taxations diverses, aides sociales, etc.), force est d'admettre que partout l'inégalité se maintient. Il s'agit d'une force naturelle trop puissante pour que l'on puisse concrètement lutter contre elle, inscrite dans le fin fond du vivant.

L'IDÉE D'ARISTOCRATIE

Le terme *aristocratie* provient du grec (encore les Grecs...) *aristoi*, les meilleurs, couplé à *kratos*, soit pouvoir, autorité. Aristocratie signifie donc *le pouvoir aux meilleurs*.

Cette notion de *meilleur* sous-tend donc nettement une perception du monde hautement inégalitaire.

L'aristocrate, traditionnellement, est étroitement associé aux activités guerrières d'une société. En tant que guerrier, il est celui qui est appelé à être placé le plus étroitement au contact des aspects tragiques du monde (inégalité, violence et mort). L'aristocrate occupe une fonction honorifique au sens où il risque, dans le cadre de ses activités belliqueuses, d'être tué. L'aristocrate fait corps avec la notion sacrificielle. Et un aristocrate sait reconnaître les membres de sa caste, à savoir les autres consentant au sacrifice. Prestige et honneurs ne sont que les conséquences de cet acquiescement au tragique.

L'idée aristocratique ne doit aucunement être associée aux membres de la cour versaillaise des XVIIe et XVIIIe siècles. Quand on pense aristocratie, il faut revenir à la racine première, grecque et homérique, et songer à Achille, Hector, Agamemnon, etc.

Un aristocrate, c'est avant tout un chevalier, un seigneur de la guerre. Un homme habité par une haute conception de la vie. Devenir le membre d'une aristocratie devrait être l'objectif de tout homme de qualité.

LE TRAVAIL

Le travail est l'arme des ambitieux. C'est à force d'efforts que l'on peut accumuler honneurs, compétences, puissances, etc. Posséder une maison, avoir de l'influence sur le monde, accumuler les beaux objets, avoir un avenir par l'intermédiaire de ses enfants, être aimé par une belle femme, etc. Autant de choses que les bons sentiments ne donnent généralement pas, mais que peut procurer le travail.

Écrire un livre suppose du travail. Réussir des études suppose du travail. Gagner de l'argent suppose du travail. Rénover une maison suppose du travail. Élever un enfant suppose du travail. Accomplir une performance sportive suppose du travail. Construire une vie et la réussir suppose du travail. Surtout l'état de notre monde, en fait un champ de ruine, nous hurle chaque jour l'urgence de nous mettre au travail.

Malheur à celui qui méprise le travail et voit dans ce dernier une vulgaire corvée. Le travail est en réalité l'arme des ambitieux.

Un ambitieux peut parfaitement être un salarié, un employé. Néanmoins, s'il se place dans cette posture, au moins devra-t-il avoir le désir de s'élever, de gravir. En réalité, la plupart des ambitieux cherchent à développer leur propre activité, qu'elle soit de nature économique ou bien créative. Nous évoquerons plus loin la nécessité de bâtir une œuvre.

Le réel ambitieux ne ménage ses forces que pour être plus efficace encore. Simplement, car sans sommeil et sans moments de répit, il ne pourrait tenir dans la durée. Pour un ambitieux, les vacances, la nourriture et le sommeil deviennent des outils et non des fins en soi. Beaucoup travaillent pour obtenir à la clé de belles vacances, plus ou moins exotiques, ou plus simplement pour s'acheter des gadgets. Ces personnes ressemblent à de pauvres hères en manque de drogue. L'ambitieux part en vacances pour mieux travailler encore à son retour, frais et dispo. Et il n'achète pas des jouets, mais des outils. L'heure de l'apéritif, certes très agréable, n'est pas l'instant de la *vraie vie*. La vraie vie, c'est bûcher, sentir monter en soi sa puissance de travail et jubiler devant ses exploits. La première gorgée de bière ne doit pas être perçue comme un objectif journalier, mais comme une soupape, un repos.

L'ambitieux ne connaît pas la satisfaction, car de toute manière l'existence n'est jamais complètement satisfaisante. Le bonheur est un point fugace dans le temps et l'espace. Et la joie la plus grande que l'on puisse espérer ne se trouve pas dans le rôle du spectateur, mais plutôt dans l'instant où l'on perçoit qu'une opposition à son affirmation a été renversée à force de travail et d'astuce. En étant l'acteur de sa vie.

Il y a ceux qui rêvent devant la beauté d'une montagne, et ceux qui décident de grimper à son sommet.

FRÉQUENTER LES BONNES PERSONNES

Il est surprenant d'observer la manière dont les personnes sélectionnent leurs relations.

En fait, la plupart du temps, ils ne les sélectionnent pas. Souvent, les individus prennent du plaisir à côtoyer des personnes présentant des compétences plus faibles que les leurs. Cela peut en effet donner le sentiment de briller dans un milieu déterminé. Aussi, beaucoup recherchent de bons compagnons, c'est à dire des personnes divertissantes avec qui ils peuvent échanger sur des sujets simples et triviaux.

Or, force est de constater que nos interactions pèsent

énormément sur nos vies. Nous sommes en réalité influencés en permanence par les personnes que nous côtoyons. Nous suivons souvent les exemples les plus simples, les plus flagrants, ceux qui nous sont révélés quotidiennement.

En ce sens, les environnements familiaux peuvent avoir un impact immense. Et si on ne peut pas choisir sa famille, au moins pouvons-nous choisir et sélectionner nos amis.

Des fidélités de jeunesse se tissent souvent dans les cadres scolaires, sportifs ou associatifs. Ces fidélités, liées à un apprentissage en commun, au partage des mêmes référentiels, doivent être cultivées et entretenues dans le temps. Ces amitiés de promotion sont bonnes et apportent souvent de grandes satisfactions. C'est ce que l'on nomme simplement la camaraderie. Ces amitiés n'ont pas pour vocation principale de jouer une fonction utilitaire dans le parcours d'une vie. Elles servent surtout à nous souvenir de qui nous étions et permettent de jauger le chemin parcouru.

Néanmoins, dans une démarche ambitieuse et constructive,

surveiller ses liens sociaux est fondamental.

Le principe à appliquer est simple : fréquenter le plus possible les personnes les plus compétentes, les plus efficaces, et se mettre à leur école. S'entourer d'individus meilleurs que soi et s'éloigner des plus médiocres. C'est ainsi que l'on se place sous l'influence des bons maîtres et que l'on gagne en compétences. Ces fréquentations n'ont pas forcément vocation à être de nature présentielle. Ainsi, lire un bon auteur (même mort depuis des siècles) ou encore suivre les activités numériques d'une personne digne d'intérêt constitue en soi de bonnes relations.

INTELLIGENCE SOCIALE

Les interactions humaines sont imprégnées d'hypocrisies. Et c'est certainement mieux ainsi, car un monde sans aucune hypocrisie serait un cauchemar. Imaginons un instant une vie en collectivité où les individus interagiraient en ne masquant rien de leurs aversions réciproques... les massacres seraient permanents et toute existence en commun serait proprement impossible. D'ailleurs, la politesse n'est ni plus ni moins qu'une forme raffinée d'hypocrisie. Sans cet amortisseur, le monde serait un petit enfer où une simple altercation à un feu rouge pourrait se finir à coups de couteau. Certaines populations ont des aptitudes à l'hypocrisie, preuve d'intelligence sociale, et d'autres non.

Néanmoins, il faut distinguer deux formes d'hypocrisies : une hypocrisie horizontale et une hypocrisie verticale.

L'hypocrisie horizontale est celle qui intervient dans le cadre des relations interpersonnelles.

Les personnes qui crient à tue-tête « *je ne suis pas un hypocrite, je dis ce que je pense* » sont en réalité des individus souffrant d'un grand déficit d'intelligence sociale. Elles sont expertes dans l'art de se faire des ennemis. Là où politesse et courtoisie pourraient conduire à des résultats bénéfiques, ces personnes préfèrent le choc frontal et le blocage. Quand certains mots et certains actes sont posés, la communication devient impossible.

Les Japonais sont des experts dans l'art de l'hypocrisie horizontale. Nombreux sur un espace restreint, pauvre et dangereux, ils ont dû développer une intelligence sociale supérieure afin de *vivre ensemble*. Leurs relations interpersonnelles sont empreintes de politesse, de courtoisie et leur société est, globalement, très apaisée.

L'hypocrisie verticale est celle qui intervient quand on évoque l'univers des *valeurs*. Il s'agit en fait des voiles et masques que se donne une société dans le but de ne pas affronter ses difficultés et contradictions internes.

L'hypocrisie verticale, c'est celle qui régnait dans l'Union soviétique quand on parlait du *paradis des travailleurs*. Ou encore celle qui règne sur le monde occidental à travers la notion de *politiquement correct*.

Quand en 2015 Angela Merkel décide d'ouvrir les frontières allemandes aux colonnes de migrants en transit à travers les Balkans, elle évoque des raisons humanistes, les fameuses *valeurs d'accueil de l'Europe*. Plus certainement, cette ouverture était motivée par des raisons économiques (besoin de main-d'œuvre sous-payée) et démographiques (la population allemande est vieillissante). Néanmoins, en l'absence complète d'une conception tragique du monde, les autorités allemandes, imprégnées du culte de la *dignité humaine* (tous les hommes et donc toutes les sociétés se valent et sont donc interchangeables), ont été incapables d'anticiper les insolubles problèmes que ne manqueraient pas de générer l'afflux de centaines de milliers de jeunes hommes étrangers (différentiels génétiques et donc de QI, troubles sexuels, insécurité générale, chocs culturels et religieux, etc.).

Il s'agit ici d'un cas flagrant d'hypocrisie verticale. L'hypocrisie verticale, c'est le mensonge, le voile anti-tragique. Orwell avait tout anticipé dans son *1984*.

Ainsi, l'hypocrisie horizontale est-elle une chose souhaitable, que l'on peut mettre en œuvre dans sa vie à travers la bonhomie, la gentillesse, la politesse (même froide). Cette forme d'hypocrisie est un magnifique outil d'apaisement des interactions sociales. C'est un art que les ambitieux se doivent de maîtriser. À l'inverse, l'hypocrisie verticale, au fond œuvre de propagande, doit-elle être absolument méprisée et prise en dérision. Elle est une forme de communication nuisible aux sociétés, car elle empêche ses dernières de percevoir les réels enjeux de leurs temps. C'est un poison mortel.

VIOLENCE ET DISCIPLINE

"La première règle du Fight Club est : il est interdit de parler du Fight Club. La seconde règle du Fight Club est : il est interdit de parler du Fight Club. Troisième règle du Fight Club : quelqu'un crie stop, quelqu'un s'écroule ou n'en peut plus, le combat est terminé. Quatrième règle : seulement deux hommes par combat. Cinquième règle : un seul combat à la fois, messieurs. Sixième règle : pas de chemise ni de chaussures. Septième règle : les combats continueront aussi longtemps que nécessaire. Et huitième et dernière règle : si c'est votre première soirée au Fight Club, vous devez vous battre."

Tyler Durden – Fight Club

LA VIOLENCE COMME LOI

La violence n'est pas propre au vivant, elle est propre à tout ce qui existe.

Les dimensions métrées de l'Univers, pures et froides, sont en elles-mêmes une agression pour l'esprit humain. Une violence de nature psychique. Le diamètre observable du Cosmos avoisine les 93 milliards d'années-lumière. Et il ne s'agit ici que de ce qui est observable. Cet espace aux dimensions incommensurables n'est pas un vide froid, une sorte de néant serein et glacé. Il est au contraire le lieu du déchaînement. Explosions de supernovas, trous noirs vampires, impacts de géocroiseurs, étoiles naines émettrices de radiations, etc. L'espace est empli de violence. Une violence brute, sans objet, qui se moque éperdument de notre dimension humaine. Le Soleil, l'astre qui nous permet d'être, est en réalité un monstrueux réacteur nucléaire en fusion émettant gaz, lumière et radiations. Si la Terre est plus ou moins épargnée de ces rayonnements mortels, c'est grâce à la présence d'une atmosphère. Cette dernière existe via l'intermédiaire d'un noyau terrestre liquide et ferreux dont la rotation génère l'émission d'un champ électromagnétique. Ce champ dévie les vents solaires qui autrement emporteraient avec eux notre atmosphère. Dans cette affaire, il n'est question que de forces titanesques échappant totalement à notre contrôle. Ici on parle radiations et magma en fusion. Une violence pure et grandiose.

En quittant les sphères célestes et en approchant notre regard de la surface terrestre, nous pourrions espérer trouver, sur cette petite planète toute blanche et bleue, une sorte de havre paisible, tout en harmonie. Mais la Terre, à l'image d'autres astres solides, est comme parcourue de spasmes d'une brutalité incroyable. Les plaques tectoniques surfent sur le noyau liquide et se frottent les unes aux autres, générant tremblement de terre, éruptions volcaniques, tsunamis, etc. L'atmosphère terrestre, fluide gazeux en mouvement perpétuel, est parcourue de dépressions atmosphériques générant des déferlements terribles appelés tempêtes. Et la présence du vivant sur Terre vient exacerber cette violence inhérente au cosmos. Si l'espace est un déchaînement, la Terre est une orgie de brutalités. Même les arbres, créatures biologiques d'apparence si paisible, se livrent en réalité des combats sans merci pour l'accès aux nutriments et aux photons. Des luttes permanentes pour l'accès aux ressources et à la reproduction se déroulent sur les plans interespèces et intraespèces.

Et Homo sapiens n'échappe aucunement au règne implacable et inévitable de la violence.

VIOLENCE ET SOCIÉTÉ

Les sociétés traditionnelles se caractérisaient par leur haut degré d'acceptation de la violence et par leur capacité à rendre cette dernière intelligible, à l'inscrire dans une grille de lecture.

L'homme est une créature dotée d'une grande intelligence et un de ses besoins fondamentaux consiste à comprendre le monde qui l'entoure, à rendre ce dernier intelligible. L'homme a besoin de classifier, coder, discriminer, comparer, etc. Sans cela, le monde serait pour lui vide de sens. Sa grande intelligence, fruit de l'évolution, serait sans objet. Aussi, à la démarche d'acceptation du règne de la violence, répond le besoin de normer cette dernière, non pour la limiter (elle est en soi non limitable, car omniprésente), mais pour la rendre intelligible.

Aussi, cette normalisation de la violence peut-elle s'observer à travers une infinité d'exemples historiques. On peut citer la guerre saisonnière, dans la lointaine antiquité, qui n'avait pas nécessairement pour but de vaincre l'ennemi pour lui prendre ses ressources et ses femmes, mais bien plutôt celui de vivre *le plaisir* de faire la guerre. La guerre a longtemps été perçue comme une activité dangereuse et saine, comme une source de grand bonheur. Une sorte de sport. La guerre était en effet le temps approprié pour révéler ses qualités viriles. Aussi les activités guerrières et violentes font-elles échos aux vertus aristocratiques. Les guerriers étant ceux qui consentent le plus volontairement à vivre la dimension tragique de la vie, et qui en tirent un grand bonheur (joie de vaincre ses ennemis, jubilation du pillage, adrénaline du combat, etc.), il est normal que ce soit eux qui dominent au sein des sociétés. Il n'est question ici que de rapports de forces. Ainsi, la plupart des grandes activités liées aux vieilles aristocraties font-elles résonances, de près ou de loin, à cet acquiescement joyeux à la violence. On peut songer à la chasse, notamment la chasse à courre, qui est clairement une rémanence de cet univers aristocratique et violent. Toutes les activités liées aux chevaux font également écho à ce passé guerrier. Mais la violence des seigneurs ne s'imposait pas de manière anarchique, au contraire, ces derniers s'affrontaient en respectant des lois, des usages. Les codes du duel aristocratique sont le reflet de ce besoin normatif. Autant vivre et imposer sa violence au monde est-elle une chose cruciale, autant le faire dans un cadre normé et reconnu par ses pairs l'est-il tout autant.

« Messieur les Anglais, tirez les premiers ! » phrase mythique lancée par le comte d'Anteroches à ses adversaires britanniques lors de la bataille de Fontenoy, en 1745. Cette phrase dit beaucoup : acceptation du combat et de la mort, respect pour un ennemi dont on connaît l'obéissance à des codes similaires, politesse, goût pour le panache, etc. Tout

l'esprit aristocratique depuis Troie jusqu'à aujourd'hui, est résumé dans cette tirade.

Il est tout à fait notable de souligner, après des millénaires passés sous la domination de valeurs liées de près ou de loin à la violence, que cette dernière est aujourd'hui perçue comme une sorte d'entité de nature démoniaque. La violence, à bien des égards, est souvent plus mal perçue encore que l'inégalité. Autant le règne de la société marchande et de l'argent rend-il l'inégalité moralement supportable (égaux par le droit, mais non par la carte bancaire), autant la violence est elle perçue comme une abomination. Non seulement moralement, mais aussi de manière utilitaire, au sens où la violence serait un frein aux libertés et donc au commerce.

Pour illustrer ce propos concernant l'intense aversion portant sur la violence, nous pouvons évoquer la problématique des Gilets jaunes. Cette phrase récurrente, si ce n'est lancinante, est revenue à mainte reprise lorsque les manifestations atteignirent leur paroxysme, en décembre

2018 : *« je comprends les Gilets jaunes et leurs revendications, mais je ne peux tolérer leur violence »*. Or, la violence est inhérente à toute forme de mouvement de contestation. Où est l'intérêt de se rassembler par dizaines de milliers dans le but de défiler dans le calme ? Cela n'a aucun sens. La vie est un rapport de force, et la force peut s'exprimer dans le déchaînement. Il n'y a rien de plus naturel et logique que des vitrines brisées à l'issue d'une manifestation. Pourquoi cette aversion pour l'inévitable ? La haine de la violence s'apparente à un refus de la vie.

Un autre exemple peut venir illustrer cette haine de la violence vécue dans les sociétés occidentales : le contexte scolaire. Quand une rixe entre élèves dégénère, typiquement dans une cour de récréation, il y a fort à parier que ces derniers seront séparés en quelques instants, non seulement par l'encadrement de l'établissement, mais aussi par leurs camarades. Les protagonistes seront bien sur envoyés devant la direction et, si la chance leur manque, ils seront renvoyés quelques jours.

Dans une société respectueuse du cadre tragique, les élèves auraient formé le cercle autour des protagonistes afin d'être témoins de la lutte. Au final, après l'échange de coups, les deux gamins se seraient serré la main et seraient peut-être même devenus amis. Ils seraient, en effet, devenus des égaux par l'entremise de leur consentement mutuel au combat.

DISCIPLINE

La discipline est l'outil qui permet d'anticiper le caractère inévitable de la violence et de gérer son chaos inhérent. C'est par son intermédiaire que l'on peut vaincre, tout en acceptant l'idée de la confrontation.

Encore une fois, c'est l'univers militaire qui nous offre les meilleurs exemples de discipline. C'est grâce à la discipline des soldats que les empires sont édifiés. On songe naturellement, quand on évoque la discipline guerrière, aux hoplites d'Alexandre, aux légions romaines ou encore aux soldats napoléoniens.

Traditionnellement, les militaires occidentaux vouent un culte à la discipline. D'ailleurs cette vertu est devenue supérieure, dans la grande tradition guerrière européenne, à celles de courage physique ou encore d'esprit de sacrifice (bien que ces dernières vertus ne soient aucunement laissées pour compte. Seulement, la discipline est supérieure). L'origine de la discipline militaire occidentale est certainement à trouver dans la phalange grecque, où l'hoplite avait charge de protéger son ailier par l'intermédiaire de la moitié de son bouclier. Sans la cohésion de la formation, nécessitant une forte discipline (avancer au même rythme, ne pas se laisser entraîner dans des combats individuels, etc.), le combat hoplitique ne pouvait être remporté. Ainsi, l'esprit militaire grec s'arcboute autour de cette notion. D'ailleurs, ce que l'on appelle dans le monde militaire *l'ordre serré*, c'est-à-dire le fait de se déplacer en formation, n'est ni plus ni moins qu'une rémanence de cette vieille discipline hoplitique matinée de traditions et de codes issus du Moyen-âge (ainsi, le salut militaire viendrait-il du fait de retirer son heaume dans le but de révéler son identité à ses camarades).

Néanmoins, dans des sociétés démilitarisées, l'esprit de discipline semble s'être étiolé. Pour ce faire il suffit d'observer un groupe scolaire où l'idée dominante semble être celle du *bordel institutionnalisé.* Les jeunes de la génération Z semblent vouer un culte à l'indiscipline, à la spontanéité. Cette spontanéité, perçue comme positive et porteuse de valeurs joyeuses, est en fait le reflet d'une méconnaissance profonde de la dimension tragique de l'existence.

Or, force est d'admettre que c'est la discipline, plus que la volonté ou l'enthousiasme, ou pire encore la motivation, qui permet d'édifier une vie. Bâtir une œuvre nécessite du souffle et par essence la volonté ou la motivation sont des sentiments passagers et diffus. La discipline est l'arme qui permet de tenir un cap, de dépenser son énergie de manière intelligente et performante, de durer dans le temps. Discipline et motivation sont de grands antagonistes. Dans nos contextes contemporains, ce sont les notions de volonté et de motivation qui reviennent de manière récurrente. Or, c'est la discipline qui permet de tenir le cap. C'est ce qu'Émile Coué explique à merveille à travers sa méthode. Pour lui, la volonté est un facteur limité dans le temps, un peu comme le maintien prolongé d'un effort musculaire. Plutôt que d'agir avec volonté, il vaut mieux agir par automatisme.

Les lois entropiques font que les systèmes que nous établissons dans nos vies finiront toujours par s'étioler, se désorganiser. La discipline est l'outil qui permet de faire tampon et de limiter l'impact de l'entropie sur nos vies. Même si toute discipline, même la plus ferme, finira par être abîmée par le temps, au moins *l'esprit de discipline* et l'acceptation de son absolue nécessité permet-il de se prémunir.

DISCIPLINE INVISIBLE

C'est par la discipline intérieure, la discipline mentale, que l'on peut parvenir à préserver une bonne condition psychologique.

Méditations, prières, états modifiés de conscience, etc. Il existe une infinité de techniques ayant pour but de maintenir la cohésion intérieure. L'idée générale, dans ce domaine, consiste à trouver les méthodes les plus adaptées à son cas propre. Il s'agit de trouver une école disciplinaire et de l'adapter à ses propres besoins. Le *travail sur soi*, ou discipline intérieure, est en effet un outil de résilience très important qui permet, de manière régulière, de nettoyer l'esprit des scories et représentations parasitaires qui le peuplent.

La plupart des maladies psychiques contemporaines, notamment la dépression, sont certainement le fruit de cette absence de régularité dans le travail intérieur. Nos sociétés consuméristes, ayant écarté toute dimension religieuse et transcendantale, sont très performantes dans le domaine de l'excitation psychique. Par contre, elles ne savent guère comment calmer les troubles intérieurs. Nous vivons au cœur d'une fabrique de fous. Les individus soucieux de leur équilibre mental, ne parvenant guère à se tourner vers des pôles religieux traditionnels devenus minoritaires et peu représentatifs, se voient bien seuls et sont les victimes de toute une variété de charlatans et de faux-semblants.

DISCIPLINE VISIBLE

Cette forme de discipline est celle qui place l'individu en prise avec son environnement. Ici, la discipline s'exprime dans sa forme la plus communément admise. Nos apparences propres (propreté générale, style, etc.) et l'apparence de nos environnements de vie (lieux de résidence, véhicules, lieux de travail, etc.) sont le reflet, qu'on le veuille ou non, de notre consentement à la discipline. Et donc témoignent de notre qualité.

Le monde contemporain, qui est basé sur le principe de société de consommation, pourrait faire songer que désormais la forme prime sur le fond. C'est faux. Justement, le marché, en jouant sur les bas instincts et les sentiments les plus simples, a anéanti la forme pour ne laisser que le fond. Et le fond, basé sur les sentiments et les idées, ne suffit pas pour faire corps.

Pour illustrer ce propos rattaché à la forme disciplinaire, nous pouvons citer les évolutions de l'Église catholique au cours de la seconde moitié du XXe siècle. L'Église, en conscience, a pris la décision de se séparer de la forme. La liturgie s'est considérablement simplifiée (il suffit de comparer un baptême de l'ancien rite avec un baptême actuel pour être saisi), la langue latine a été délaissée, les habits des prêtres sont devenus moins formels, les dogmes sont affirmés de manière moins catégorique. Cet abandon de la forme devait permettre de dégager le fond afin de rendre ce dernier plus évident et plus visible. On connaît le résultat : les messes se sont brusquement vidées à la fin des années 60. La population n'a plus fait corps. Et cet abandon n'est pas celui que l'on croit. Ce ne sont pas les Français qui ont abandonné l'Eglise pour se jeter dans les galeries marchandes, c'est plutôt l'institution ecclésiale, en se délestant de son voile formel (et donc tragique), qui a abandonné le monde.

Aujourd'hui la spontanéité prime sur les cadres formels, perçus comme des contraintes insupportables. Or, c'est la contrainte disciplinaire qui permet de maintenir la forme et la cohésion d'une structure. La discipline permet de diminuer la vitesse de destruction irrémédiable établie par les lois de la thermodynamique. La fameuse entropie.

Dans nos mondes contemporains saturés par la lumière bleue des écrans, la première des disciplines à s'imposer, bien avant celle du sport ou du travail, est celle du sommeil. Jamais à travers l'Histoire nous n'avons si peu dormi que depuis que les smartphones hantent nos couettes. Les premiers actes disciplinaires de la vie passent... par le lit. Établir un horaire de couvre-feu permettant de dormir 6 à 8 heures par nuit et s'y tenir, ainsi que faire son lit le matin, sont les meilleurs cadeaux que vous puissiez vous donner. Le sommeil est souvent perçu comme un temps perdu. C'est une perception biaisée. Au contraire une nuit complète signifie, par effet miroir, une journée dynamique et productive. Et pour se lever tôt, il faut se coucher tôt.

La seconde des disciplines fondamentales est celle de l'hygiène générale. Et cette hygiène ne concerne pas seulement nos corps. Elle concerne nos lieux de vies. Un lieu de vie maîtrisé, propre, ordonné est un superbe outil de ressourcement. Là où vous êtes, soyez un générateur d'ordre et de propreté.

Enfin, dernière des disciplines fondamentales (bien avant le sport et le travail) est celle de la remise en question... de sa propre discipline. Au sens où les principes de la thermodynamique finiront nécessairement par dérégler la plus précise des horloges helvétiques, aussi votre discipline propre finira toujours par s'éroder. Vigilance et autocritique doivent être au centre de votre discipline personnelle.

MORT ET TRANSMISSION

« Il faut que tu saches au lieu d'en avoir peur, que tu saches que tu mourras un jour. »

Tyler Durden – Fight Club

LA MORT COMME LOI

Nulle chose dans cet Univers n'échappera à sa propre disparition. Et l'Univers lui-même finira par mourir, dilaté et vide. Le cosmos est en effet en expansion perpétuelle.

Et nous n'échapperons aucunement à notre mort. Nos fonctions vitales, à tous, finiront par s'éteindre un jour. Même un être humain immortel finirait nécessairement par disparaître, emporté par un virus plus agressif que les autres, ou par l'impact inéluctable d'un météore sur la Terre.

Nous n'avons aucune garantie concernant une forme de persistance de notre conscience au-delà de la mort, c'est d'ailleurs ce qui rend cette dernière terrifiante. La foi dans une après-vie est un pari, ou une grâce. Mais dans les faits rien n'est certain et en toute probabilité la mort constitue bien une fin totale de notre être. En suivant cette probabilité, somme toute très élevée, nous n'avons que cette vie-ci pour être au monde. Nous n'avons que ces quelques décennies pour œuvrer, pour agir et devenir ce que nous aimerions être. Ou tout au moins, le tenter.

La chance, si l'on peut dire, de notre espèce, est de posséder la conscience de cette disparition individuelle. Aussi pouvons-nous l'anticiper et gérer ses conséquences.

Aussi les deux seules manières pour un être humain de se garantir une forme d'existence post-mortem sont la transmission de ses gènes ainsi que la création d'une œuvre amenée à durer dans le temps, afin de laisser une trace de son passage.

MORT ET SOCIÉTÉ

Nos ancêtres, plus ou moins lointains, passaient leur vie à préparer leur inévitable disparition. Il n'y avait rien de morbide dans ces démarches qui portaient sur une large variété d'aspects (questions patrimoniales, préparation des obsèques, préparation spirituelle, etc.). Simplement la mort était perçue comme un aboutissement logique, certes terrifiant, mais que venaient rendre supportable nombre de considérations matérielles et spirituelles. Aussi, s'est même développé un art de *bien mourir*, c'est-à-dire de disparaître proprement, sans laisser d'ennuis trop importants à gérer pour sa descendance. Et aussi en ayant soin de prendre quelques dispositions spirituelles.

Nos sociétés contemporaines détestent la mort. En soi, l'appréhension de la mort est une chose bien naturelle, néanmoins notre temps se caractérise par son attitude de fuite face à cette dernière. Le reflet de cette fuite peut se trouver dans le caractère absolument non solennel des cérémonies funéraires contemporaines. Il n'est pas rare, de nos jours, de voir venir à des obsèques des personnes vêtues de T-shirts. Il suffit de discuter quelques minutes avec des personnes travaillant dans l'univers des pompes funèbres pour se rendre compte des comportements actuels liés à la mort. La laïcisation massive de nos sociétés, ainsi que la perte de la notion de sacré, en sont pour beaucoup. Surtout, nos contemporains semblent vivre comme s'ils n'allaient jamais mourir. La conscience de la finitude est devenue très ténue. Et plutôt, concernant la mort, qu'un discours de préparation à cette dernière, sommes-nous confrontés à un propos permanent portant sur le fait de *profiter* de la vie. Or le fait de profiter n'est aucunement un vecteur de bonheur et encore, le *bonheur de vivre* est-il en soi une chose constructive pour un être ambitieux ? Plutôt que la petite joie du bonheur, ne devrions pas plutôt viser la grande joie de la victoire ? Or, vaincre suppose d'accepter la charge tragique du monde et ses sacrifices inhérents. Toute victoire suppose sa dose de peine. Gravir le Mont-Blanc (contrairement à ce qu'affirment beaucoup, il ne s'agit pas d'un exercice facile), suppose une bonne préparation physique (se lever le matin pour s'entraîner, bien se nourrir, faire des courses de préparation en montagne, etc.) et un gros effort lors de l'ascension. Et il est tout à fait possible qu'une fois rendu au sommet, éreinté, il n'y ait que peu de place pour la jubilation. Ce n'est qu'une fois redescendu et quelque peu reposé que pourra s'installer, peut-être, une forme de satisfaction. Néanmoins, l'alpiniste ne sera pas resté en bas, à siroter de la limonade en profitant du bonheur tranquille du panorama, il sera entré dans l'action et aura finalement accroché le toit de l'Europe à son actif.

Les faits sont le produit des actes et non des songes.

FONDER UN FOYER

Le foyer semble être l'institution la plus appropriée dans le but de transmettre, que ce soit sur le plan génétique ou encore sur le plan culturel. En effet, cette structure vient apporter le cadre normatif propice à la conception et l'éducation sur le long terme d'enfants, qui sont l'incarnation de l'avenir par delà la mort. Et aussi de la survivance des ancêtres d'une lignée.

La cellule familiale se fonde sur la complémentarité des qualités entre hommes et femmes. Aussi, un foyer qui se maintient sur la longue durée constitue-t-il, dans nos sociétés liquides, un môle rigide sur lequel de grands projets peuvent se bâtir. Fonder un foyer devrait-être un des objectifs fondamentaux d'une vie. Le foyer est un outil crucial de transmission et donc une des réponses à apporter à l'inéluctabilité de la mort.

SEXUALITÉ

La sexualité est une des forces les plus puissantes observable dans le monde vivant. Il n'y a rien de plus frappant que d'observer les énergies déployées dans les parades nuptiales de certaines espèces.

Ainsi, la mort et la sexualité sont-elles deux fondamentaux qui avancent main dans la main. La transmission de nos gènes est en effet la seule méthode tangible de perpétuation de notre être à travers le temps. Et, au-delà de notre simple individualité, de la perpétuation des gênes de nos ancêtres. En effet, nous sommes nos ancètres, intégralement. Et d'ailleurs ce n'est pas un hasard si les premières religions avaient pour focale principale le culte des ancêtres. Sans eux nous n'existerions tous simplement pas. Ils sont nous et nous sommes eux. Cette dimension de lignage prend un sens nouveau avec les dernières découvertes en génétique. On sait aujourd'hui que les gènes jouent pour une part écrasante dans une multitude de paramètres (intelligence, caractère, aptitudes diverses, santé, etc.).

Les Grecs avaient dénommé *Éros* cette force sexuelle puissante et souterraine. Il s'agissait, selon leur vision, de la force qui poussait les êtres vivants à s'unir charnellement, à la fois dans le but d'atteindre le plaisir, mais aussi de se reproduire.

La façon dont les hommes et les femmes vivent leurs sexualités est très différente. Ces différences sont éminemment liées à la dimension reproductive de l'acte sexuel. L'homme est par définition un insatisfait sexuel. La jouissance masculine, bien que pouvant être intense, est par définition courte (moins de cinq secondes) et localisée sur les parties génitales. La jouissance féminine, à l'inverse, s'apparente à une onde d'une très grande puissance capable d'emporter à la fois son corps, mais aussi son esprit. Il peut arriver que des femmes s'évanouissent à l'issue de l'acte sexuel, c'est bien plus rare pour les hommes. Ainsi la jouissance féminine a le pouvoir de *combler* la femme.

Ces importantes différences sont liées aux rôles reproducteurs attribués par l'évolution à l'homme et à la femme. L'homme produit de la semence en quasi-permanence, son désir sexuel est d'ordre physiologique et il est enclin, naturellement, à rechercher le contact avec différentes partenaires dans le but, plus ou moins conscient, de répandre son code génétique de la manière la plus abondante possible. À l'inverse, la femme a une sexualité naturellement plus exclusive (la sexualité des femmes a néanmoins beaucoup évolué ces dernières décennies). Non seulement elle n'est fécondable que quelques jours par mois, mais surtout la fécondation est pour elle un risque colossal. Il s'agit d'un risque, car le fait de porter un enfant pendant neuf mois, et ensuite élever ce dernier durant plusieurs années, va nécessairement la *bloquer*. Dans le contexte d'une société de chasseurs-cueilleurs, une paire de bras coincée dans une hutte durant plusieurs semaines, avant et après l'accouchement, est une perte importante pour la communauté. Pour faire simple, les femmes ont un utérus et les hommes non, et cela suppose des contraintes propres tout à fait différentes.

Bien que les pratiques sexuelles aient beaucoup évolué ces

dernières décennies, suite à la révolution sociétale des années 70 (cette révolution a surtout contribué au *déblocage* des femmes), fait est de constater que nous restons soumis, dans une très large mesure, à ces paramètres fruits de l'évolution. Les hommes et les femmes connaissent les mêmes plénitudes et insatisfactions au lit que leurs ancêtres d'il y a 10 000 ans.

Un facteur nouveau à l'échelle de l'Histoire, à mettre en lien avec les évolutions récentes de la libération sexuelle, est l'accès massif à la pornographie. Il s'agit d'un véritable sujet de santé publique, au moins sur le plan de la santé psychique. Le cerveau humain est incapable de faire la différence entre un rapport sexuel réel et un rapport sexuel virtuel. Les zones cérébrales activées sont les mêmes. Car l'aboutissement logique de la consultation de contenus pornographiques est la masturbation. Ainsi, l'accès à un acte ayant lieu quelques fois par semaines, dans le cadre d'un couple traditionnel fonctionnant sans recours à la pornographie, devient-il un acte solitaire et multi-quotidien. Et la jouissance inhérente met en œuvre le processus désormais bien connu de récompense-dépendance et d'addiction.

Les jeunes générations, dans une très large mesure concernant les garçons, mais les filles ont tendance à devenir nombreuses dans ce cas, sont ainsi devenus accrocs à la pornographie. Et la pornographie actuelle n'a rien à voir avec la pornographie des années 70. Beaucoup pointent du doigt les conséquences morales de la pornographie (exploitation du corps de la femme, vision biaisée de la sexualité, etc), mais ces accusations ne valent rien (l'exploitation dans le porno est marginale, c'est un monde qui se perpétue grâce au volontariat) quand elles sont mises en relation avec les conséquences physiques et psychiques liées à la consultation répétée de contenus pornographiques. Pour faire bref, se masturber plusieurs fois par jour met le cerveau en bouilli.

Ainsi, un accroc au porno souffre généralement sur de nombreux points. D'abord sur le plan psychologique et moral, au sens où il sait très bien qu'il est l'esclave de ses pulsions masturbatoires. Le système cérébral d'addiction le pousse à consulter des contenus de plus en plus alternatifs et déviants. Ensuite sur le plan neurologique. Son cerveau, incapable de faire la différence entre un acte sexuel authentique, nécessairement rare dans la nature (présence d'une partenaire conciliante, conditions favorables, etc.), et un acte virtuel et fréquent, aura naturellement tendance à connaître de graves dérèglements (dépression, émergence de pathologies mentales latentes, etc.).

TROUVER UN PARTENAIRE

Les rapports intersexes sont devenus complexes et peu lisibles, au sens où le gommage des rôles respectifs a rendu nombre des anciennes normes de séduction et de communication obsolètes. Ou plutôt l'émergence des réseaux sociaux et de leur accès massif via les smartphones a créé de nouvelles normes, plus complexes à appréhender. Et aujourd'hui force et d'admettre que nombre de jeunes hommes s'inscrivent dans une démarche de renonciation aux rencontres. Les femmes semblent en effet être perçues comme une source générale de problèmes. Surtout, rencontrer une femme signifie prendre des responsabilités. Et à l'inverse les femmes semblent être entrées dans un processus de méfiance poussé à l'encontre des hommes, perçus désormais comme peu protecteurs. Une étrange guerre des sexes semble s'être instaurée.

Néanmoins, il n'est pas nécessaire de s'alarmer à outrance concernant les rapports intersexes, comme pour beaucoup d'autres choses concernant notre temps qui semble avoir érigé l'éphémère en vérité. Que vaut l'éphémère face à des millénaires d'évolution ? Les faits sont têtus et se manifestent dans la matière. La matière première d'un humain, ce qui constitue son infrastructure profonde, c'est son ADN et cet ADN est le fruit poli par l'évolution du vivant. Aussi, malgré l'impact culturel indéniable que peuvent avoir les évolutions récentes concernant la sexualité, il ne faut pas hésiter à opter pour un comportement *classique* à l'égard du sexe opposé.

Pour un homme, le comportement le plus approprié à la rencontre amoureuse consiste justement à réaliser ses projets, à travailler, à interagir socialement dans le but de réussir sa vie. En effet, les positions du chercheur ou du dragueur, qui sont au final des situations de mendicité sexuelle et affective, sont des positions de faiblesse. Les femmes, pour ces prises de position, méprisent plus ou moins consciemment les hommes qui s'y abandonnent. Plus simplement, c'est le dynamisme d'un homme et son implication dans *ses* projets qui attireront les femmes à lui. Et ces femmes n'ont pas besoin de se trouver dans des lieux spéciaux ou des temps appropriés. Les femmes *bien*, adaptées au projet de vie d'un homme, sont très certainement déjà présentes dans sa vie. Lieu de travail, association, commerces de quartier, entourage amical, etc. C'est généralement avec les personnes de son milieu que l'on se sent le plus en phase, selon le principe de l'endogamie.

Et, aussi et surtout, un homme ne devrait avoir aucune exigence physique préconçue à l'égard des femmes. Seuls deux points comptent : premièrement, le fait de sentir une ouverture venant de la femme (sourires soutenus, sujets de discussion, etc.) et, deuxièmement, le fait de ressentir une attirance sexuelle. Si ces deux feux sont au vert, le champ est libre pour s'avancer davantage et tenter sa chance. Inutile de perdre son temps dans une tentative quelconque si on ne perçoit aucun signal d'ouverture provenant d'une femme ou si on ne parvient pas à s'imaginer au lit avec.

En fait, le pire est de tomber amoureux, de rentrer émotionnellement, dès le premier abord, dans une relation d'exclusivité qui fermera autour de soi d'autres portes.

Dès le début d'une relation, il est inutile de masquer ses intentions. Le but d'un homme conscient est de fonder un foyer. Si la femme avec qui la relation naissante se noue n'est pas motivée pour s'engager dans ce projet, ou si, comme cela arrive fréquemment, elle se met après un temps à devenir froide et rétive, il est inutile de vouloir, à ce stade où il n'y a ni mariage ni enfants, sauver la situation. Il vaut mieux partir en bons termes. De toute façon, le dynamisme et la force de travail d'un homme attireront immanquablement à lui d'autres femmes, peut-être moins jolies et moins intelligentes au premier abord, mais en tout cas plus réceptives quant au projet de fondation d'un foyer.

MARIAGE

Un des aboutissements d'une rencontre tournant à la création d'un couple fonctionnel est naturellement le mariage.

C'est ici qu'il faut préciser les fonctions de ce dernier. Le mariage n'est aucunement l'officialisation d'une relation amoureuse. En fait mariage et amour doivent absolument être décorrélés. Amour et mariage sont comme la motivation et la discipline. La motivation finit toujours par s'envoler, là où la discipline permet de maintenir un cap. L'amour s'apparente à la motivation, c'est un sentiment beau et noble, mais éminemment passager et diffus. À l'inverse, le mariage est une discipline, une discipline de vie à deux. Dans les environnements flous et liquides dans lesquels nous évoluons, la structure qu'apporte le mariage est un facteur de puissance, si ce n'est plus, un multiplicateur de forces. En effet, bien qu'homme et femme soient très différents (mais aussi complémentaires), le simple fait d'être deux et solidaires est un atout indéniable pour une large variété d'aspects. Gestion de la vie quotidienne, partage des tâches, plus grande force économique (possibilité de deux revenus au lieu d'un seul), accès à une vie sexuelle équilibrée, soutien émotionnel, etc. Le mariage est un tandem permettant de faire face de manière plus efficace aux enjeux de notre temps.

Surtout, le mariage est le cadre idéal où va pouvoir s'exécuter une des finalités de l'existence : la transmission génétique.

TRANSMETTRE SES GÈNES

C'est là l'enjeu d'une vie. La conception d'enfants est en effet la seule méthode tangible permettant d'envisager une existence post-mortem de nature biologique. C'est la seule promesse d'immortalité matérielle. Souvent, dans nos époques centrées sur l'individu et l'assouvissement de ses besoins émotionnels, on oublie trop souvent la charge portée par les enfants. Leur rôle est immense, car ils doivent nous permettre de survivre à notre mort et aussi permettre de faire survivre tous ceux dont ils portent les gènes, c'est-à-dire une foule immense d'ancêtres. Et là, la biologie rejoint la magie. Les fantômes ne sont pas dans les murs des vieilles maisons, ils sont dans le cœur de nos cellules. La transmission génétique peut ainsi, symboliquement, s'apparenter à un passage de flambeau.

Néanmoins, simplement transmettre ses gènes ne suffit pas. En effet, même si on sait aujourd'hui qu'une écrasante majorité de nos comportements et attitudes sont régentés par nos gènes, il est évident qu'apporter à un enfant une solide éducation, notamment basée sur l'acquiescement aux principes de la tragédie (acceptation de l'inégalité, de la violence et de la mort et donc intégration des principes d'ambition, de discipline et de transmission), saura lui donner des outils inestimables. Au milieu des aveugles, les borgnes sont rois.

LAISSER UNE ŒUVRE

Si les gènes sont au cœur du processus général de transmission, il est un point que l'on ne peut omettre concernant cette notion : la création d'une œuvre. Si on connaît certaines figures historiques, ce n'est généralement pas grâce à leur progéniture, mais bien plutôt grâce à leurs actes. Des figures comme Alexandre, César ou Napoléon sont connues, car elles ont laissé une empreinte tangible dans l'Histoire. Nous ne connaissons pas, ou très peu, leurs enfants.

Bien que nous puissions nous inspirer de personnalités de cette ampleur, il n'est pas nécessaire de désirer les copier. Pour laisser une trace dans le temps, il n'est pas absolument nécessaire de devenir un grand chef de guerre. Homère n'est pas connu pour des faits d'armes, mais pour son œuvre littéraire. En soi, écrire un livre, construire une maison, monter une entreprise, etc. sont déjà des actes de création qui peuvent permettre d'envisager une transmission sur le temps long. Généralement, une maison peut survivre à la mort de son constructeur.

L'idée générale consiste à édifier une création capable de dépasser notre caractère mortel.

CONCLUSION

Le monde qui est déjà là semble prendre une tournure effroyable.

Effondrement global, ou rebond technologique, qu'importe. Au final, c'est la dureté qui l'emportera. La période que notre monde vient de traverser, pour faire simple de 1945 à aujourd'hui, était une sorte d'énorme anomalie, une parenthèse historique qui sera rectifiée.

Cette rectification portera le sceau de la tragédie.

La dimension terrifiante de ce retour du tragique, en soi naturel, provient du niveau ahurissant d'impréparation des populations. La démocratisation des sociétés n'a pas apporté les élévations anthropologiques espérées. Bien au contraire. Partout, c'est la bêtise qui s'est instaurée. Peu comprennent, ou veulent comprendre, que partout l'inégalité, la violence et la mort triompheront à nouveau.

Et, en réalité, ces trois facteurs n'ont jamais cessé de

dominer. Ils ont juste été masqués par une modernité triomphante. Mais désormais le masque s'étiole. Et le triomphe ressemble de plus en plus à une gueule de bois.

Face à la bêtise de notre temps, et à ces vagues terribles qui s'annoncent, il est inutile de s'abandonner. La simple conscientisation du réel est déjà une bonne amorce. Et cette prise de conscience n'appelle qu'une unique réponse : la responsabilité.

Et être responsable, cela signifie devenir adulte, grandir. Face, ou plutôt *avec,* l'inégalité, la violence et la mort, il ne peut exister que trois réponses : ambition, discipline, transmission. Ces armes, dans tous les contextes d'aujourd'hui et de demain, vous permettront de dominer et de marquer le monde de votre marque.

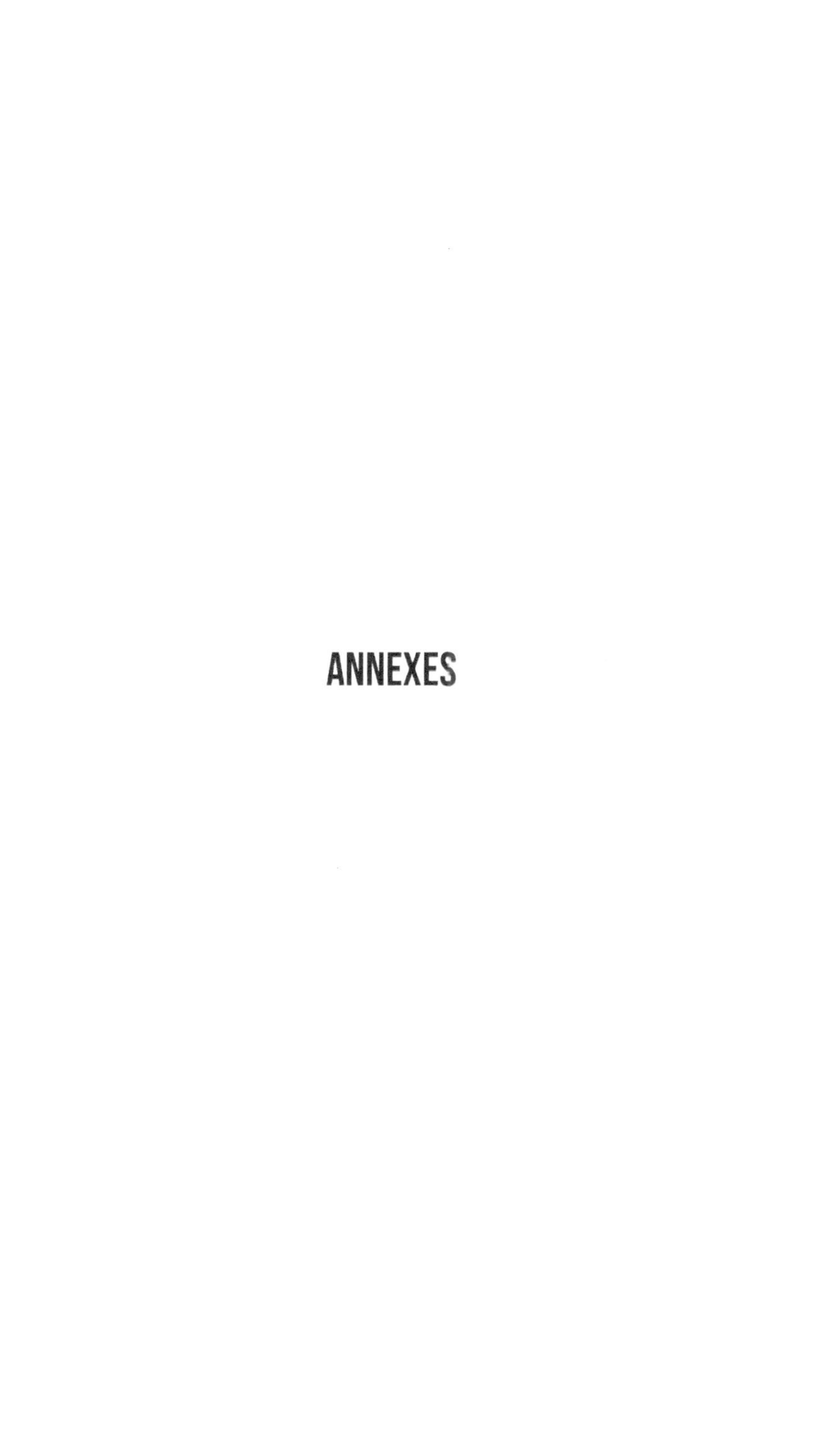

ANNEXES

TROIS ARCHÉTYPES ET JULES VERNE

L'œuvre de Jules Verne, universellement connue, constitue une trame bien plus riche et profonde que ce qui est souvent avancé. En effet, la lecture de Verne nous fait toucher de près, dans une large mesure, l'essence même de l'esprit européen. Il ne s'agit pas d'une simple littérature de divertissement destinée à la jeunesse.

Les études indo-européennes ont pu mettre en avant une tripartition fonctionnelle des sociétés, une tripartition qui, dans une certaine mesure, s'est maintenue jusqu'à l'aube de l'industrialisation et de la démocratisation des sociétés européennes. Cette tripartition met en avant une organisation sociétale de nature verticale. En haut, les prêtres. Puis viennent les guerriers, porteur des vertus aristocratiques. Enfin, le gros de la population appartient à la classe des producteurs.

Néanmoins, d'autres constantes symboliques, plus horizontales, peuvent s'observer quand on étudie les traits spécifiques propres aux Européens. Ces observations laissent apparaître une autre forme de tripartition. Trois archétypes semblent revenir de manière récurrente quand on observe la longue histoire de l'Europe. Ces archétypes, très puissants, sont incarnés par le chevalier, l'aventurier et le technicien. Jules Verne a su à merveille mettre en relief ces trois figures.

LE CHEVALIER

Le chevalier, c'est le guerrier paré des vertus de l'honneur. Il s'agit de l'un des archétypes européens le plus évident. Il est présent dès l'Iliade d'Homère. Sous son aspect symbolique, le chevalier n'est pas une figure propre à la période médiévale. Il peut aussi être incarné par l'hoplite grec, tout comme par le combattant de la Grande Guerre.

Le chevalier est l'être voué aux armes et au sacrifice. Son acquiescement à la guerre lui vaut les plus grands honneurs. Il est aussi l'homme de la parole donnée, des fidélités, de la pureté des intentions.

Cette figure peut naturellement se retrouver à travers sa dimension historique, mais aussi sa dimension symbolique. Les grands chevaliers arthuriens, tels Lancelot ou Perceval, sont les prototypes de ce type humain.

L'AVENTURIER

L'aventurier, c'est le curieux qui souhaite savoir ce qui se passe derrière la montagne. L'esprit de curiosité est l'un des traits fort propre aux Européens. Si l'Europe a été l'acteur essentiel du décloisonnement du monde, c'est bien parce qu'une puissante force motrice, plus ou moins conscientisée, a poussé des hommes à s'embarquer sur des navires pour voir au-delà de l'horizon.

Cet esprit de curiosité est beaucoup moins présent dans les autres sphères civilisationnelles. Par exemple, l'ethnie Han, fondatrice de la Chine, perçoit le monde comme centré sur l'espace est-asiatique. L'expression *Empire du Milieu* est en ce sens très significative. Elle révèle que dans l'esprit d'un chinois le reste du monde est une donnée plus ou moins accessoire.

Les Européens, quant à eux, n'ont jamais perçu les autres continents comme des espaces secondaires, mais bien comme des lieux d'opportunités. La liste des nations fondées et peuplées par des populations d'ascendance européenne est éloquente (Canada, États-Unis, Argentine, Australie, etc.).

L'archétype de l'aventurier est incarné par de nombreuses figures historiques. On songe, spontanément, aux grands explorateurs tels Marco Polo, Christophe Colomb, Magellan, Werner von Braun, etc. Cette immense lignée, composée d'une foule de hautes figures et aussi d'anonymes, vient mettre en lumière cet esprit *expéditionnaire* de l'âme européenne.

Cette attirance pour l'exotisme et l'aventure peut aussi se voir incarnée par d'autres types humains. Les pirates et corsaires, les alpinistes, les pionniers de l'Ouest, les marins, les pilotes de course, sont aussi, à leur manière, les porteurs de cet esprit.

LE TECHNICIEN

Le technicien, c'est le créateur de nouvelles normes. Il incarne la dimension la plus sombre, la plus dangereuse, mais aussi la plus tentante, de l'esprit européen.

L'aventure de cet archétype débute avec le mythe de Prométhée et se poursuit jusqu'à nous par l'intermédiaire de la technique et de la science. Cette figure du technicien, couplée à un instinct de curiosité très développé, a autorisé le développement technique et donc démographique et économique de l'Europe, notamment au XIXe siècle. Sans le technicien, nous n'aurions ni train, ni vaccin, ni avion, ni ordinateur. Nous continuerions d'évoluer dans une sorte de Moyen-âge permanent qui, sur le plan symbolique et romantique, est probablement très tentant, mais qui dans les faits nous laisserait vivre dans un monde où l'espérance de vie serait d'environ trente ans.

Tesla, le professeur Tournesol, Gustave Eiffel, etc. sont des incarnations de ce puissant archétype.

Paradoxalement, cette dimension technicienne propre aux

Européens a souvent effrayé ces derniers. Une bonne part de l'histoire des idées en Europe peut s'expliquer par ce débat ayant trait à la technique, à la volonté de dominer la matière. Pour certains, la science est une chance, un authentique outil d'affirmation et de domination. Pour d'autres il s'agit d'une volonté démiurgique à tempérer absolument sous peine de graves sanctions. L'histoire du Titanic, point de l'espace-temps où se rencontrent le fait et le mythe, est en ce sens très éclairante.

Néanmoins d'autres sphères civilisationnelles, notamment est-asiatique, ne sont pas imprégnées par les mêmes scrupules et freins que les Européens. Si l'intelligence artificielle avancée et l'utérus artificiel ne sont pas estampillés *made in Europe* ou *made in America*, ils seront de toute façon *made in Asia*.

CONCLUSION

Aussi, c'est à travers l'œuvre de Jules Verne que nous pouvons identifier les synthèses les plus limpides de ces trois archétypes. Le héros type de Jules Verne est un Européen éduqué, imprégné de culture classique et d'esprit chevaleresque. C'est un gentilhomme. Mais ce n'est aucunement un rat de bibliothèque. C'est aussi un aventurier, prêt à voyager et parcourir des contrées hostiles et inexplorées. Généralement, pour mener ses entreprises, il s'aide des outils techniques et scientifiques les plus récents. Et il réussit en surmontant les difficultés qui se présentent à lui.

LE PROBLÈME DU CADRE

Nous évoluons au milieu d'un immense paradoxe. C'est notre civilisation européenne, transfigurée en civilisation occidentale, qui a su générer à travers le temps les normes qui régissent notre modernité. En tant qu'Européens, nous n'avons pas à faire d'efforts d'intégration ou de communautarisation, au sens où nous évoluons dans l'univers que nous avons forgé.

Or cette perception est en train de devenir fausse, au sens où les sociétés modernes, ou du moins une partie des élites de ces sociétés ont décidé de jouer contre les populations dont elles sont issues.

Aussi se pose la question de l'émancipation.

Or comment s'émanciper d'un cadre donné qui a été élaboré par *soi-même* ? Et jusqu'où peut aller cette émancipation ? En effet, se mettre dans une position de hors-cadre totale signifie, par exemple : ne plus avoir accès à la médecine moderne, ne plus avoir accès à une énergie abondante (carburant, électricité, etc.), ne plus bénéficier de certaines aides sociales, etc.

Aussi, les postures de rupture absolue ne sont bien... que des postures. La radicalité la plus extrême consisterait en fait à vivre au fond d'une grotte et à s'adonner à l'activisme terroriste. Il s'agirait, en fait, d'une forme de nihilisme. Et cela irait à l'encontre même de l'esprit européen, qui n'est aucunement un esprit des catacombes, mais bien un esprit de pionnier.

Néanmoins, rentrer dans une démarche d'acceptation totale du cadre donné n'est désormais plus jouable, car le cadre s'est retourné contre les populations qui ont élaboré ce dernier. Désormais, la plupart des États et structures macro-économiques du mode occidental jouent *contre* les populations autochtones.

Ce n'est pas nécessairement qu'il existe une programmatique d'anéantissement des populations d'ascendance européenne. Il s'agit plutôt d'une forme de pragmatisme des élites qui ne souhaitent au fond qu'une chose : l'évitement de l'effondrement et des guerres civiles. Après moi le déluge. Or pour ce faire, ces élites ne peuvent que *composer* avec l'ensemble des factions présentes (autochtones d'une part et différents groupes allochtones d'autre part) et donc donner des gages à tous... et donc à personne. Cette pusillanimité pragmatique s'observe partout et tout le temps (politique migratoire, politique économique et monétaire, police, justice, école, système de santé, etc.) et ne fait qu'amplifier les dégâts possibles des catastrophes futures. En voulant éviter le pire, on obtient bien souvent pire encore.

Ainsi, un véritable jeu d'équilibriste, parfois périlleux, s'installe dans l'esprit des personnes conscientes des évolutions récentes du monde. Quelle voie professionnelle choisir ? Vivre en ville, dans la ruralité ? Laisser son épargne en banque ou non ? Préserver ses enfants ou, au contraire, les confronter au monde ?

Ces temps inconfortables offrent en effet de fortes tentations. D'une part la tentation de la mise en retrait, et d'autre part la tentation de l'immersion dans les dynamiques en cours. Se retirer dans la grotte consisterait une auto-ostracisation, une mise hors-jeu. Et à l'inverse une acceptation pleine et entière des dynamiques en cours consisterait une forme d'autodilution, et donc d'effacement.

Ne reste donc qu'à trouver des voies transverses, non clairement définies et inconfortables, mais néanmoins intéressantes à découvrir et défricher.

À vous de trouver votre voie dans ce monde périlleux.

TABLE

Dépôt légal : novembre 2019

Si vous souhaitez recevoir notre catalogue et être tenu au courant de nos publications, rendez-vous sur notre site internet :

www.lareinegrenouille.fr

Vous pouvez également nous soutenir et nous rejoindre sur les réseaux sociaux :

@lareinegrenouille
@lavigneauteur

www.ingramcontent.com/pod-product-compliance
Lightning Source LLC
LaVergne TN
LVHW091109150826
845673LV00002B/754

* 9 7 8 2 9 5 6 0 3 5 5 2 7 *